JN409098

겨울나무의 독백

민 훈 기 제5시집

다솜출판사

시인의 말

시인으로 등단하기 전부터 여행을 좋아했습니다. 시인이 되고 나서는 사진 촬영을 좋아해 출사 여행을 즐겼습니다. 여행은 인간의 삶을 풍요롭게 하고 사진은 찰나의 순간을 포착하여 추억으로 남기고 여행에서 보고 느낀 마음속에 내재해 있는 감정을 시라는 도구로 표현하게 합니다.

시는 단순히 아름다운 것만 표현하는 것이 아니라 인간의 모든 희로애락을 아우르는 감정적인 느낌을 은유적으로 표현해야 합니다. 다시 말해서 보통 사람이 그냥 지나치기 쉬운 일상적인 사물이나 사람, 사건 속에서 드러나지 않는 삶의 아름다움을 찾아내는 것을 말합니다.

따라서 소소한 일상의 삶, 여행하며 체험한 사건 안에 들어 있는 특별한 일을 찾아내어 의미를 부여하고 싶습니다. 그렇게 의미 부여함으로써 일상적인 것이 더 이상 일상적이지 않는 시로 이미지화해 독자들로부터 사랑받는 시를 쓰고 싶습니다. 아직은 일천하지만 언젠간 그런 날이 오기를 기대합니다.

2023. 12. 12.

민 훈 기

차례

시인의 말 / 3

제1부

내 마음을 알고 계신 분 / 8
천둥소리 / 9
자화상 / 10
배꽃[梨花] 단상斷想 / 11
지우개가 없다면 / 12
새해의 희망 / 13
인생은 사랑하며 살기에도 짧다 / 14
겨울나무의 독백 / 15
숲속의 작은 교회에서 / 16
빈껍데기 / 17
명재고택明齋古宅 장독대 / 18
매미에 관한 단상斷想 / 19
운여해변 솔숲에서 / 20
소문 / 21
종착역 / 22

제2부
당신이 있어 행복합니다 / 24
입춘 / 25
비 내리는 날 / 26
사과 꽃 / 27
동백꽃 / 28
시들지 않는 꽃 / 29
참 소중한 사람 / 30
삼겹살 데이 / 31
당신에게 그리움이고 싶습니다 / 32
아내의 우정 / 33

제3부
하늘나라에서 온 편지 / 36
겨울에 진 장미 / 37
아버지의 자전거 / 38
하늘의 별이 되다 / 39
세월호 회상 / 40
보이는 게 다가 아니다 / 41
하늘로 보내는 편지 / 42
벽 사진 / 44
밤을 이긴 부활 / 45
마라도에 가면 / 46
노란 달맞이꽃 / 48
빛진 자 / 49

낙엽 되어 / 50
다시 찾은 팽목항 / 51
내 맘에 살아 계신 어머니 / 52

제4부 원초原初의 시간을 찾아서 / 56
세상의 끝, 툰드라 / 57
추억 만들기 / 58
코로코바도 언덕의 예수상 / 60
산토리니 이아마을 / 61
산과 호수 / 62
다낭 바나산에서 / 63
호이안에서 / 64
태항산 대협곡 / 65
용담호의 만추 / 66
담양 메타세쿼이아길 / 67
진안 마이산 / 68
서산 간월암 / 69
웅도 잠수교 / 70
꽂지 할미할아비바위 / 71
온빛자연휴양림 / 72
흥덕왕릉 소나무 숲 / 73
봉황산 일붕사 / 74
바람의 언덕에서 / 76

일출을 품은 소나무 / 77
용소 웰빙공원 / 78
오륙도2 / 79
해운대 해수욕장 / 80
교래 곶자왈에서 / 81
용두암龍頭巖 / 82

제5부

파수꾼의 고백 / 86
파수꾼1 / 88
파수꾼2 / 89
재개발 단상斷想 / 90
그 나물에 그 밥 / 91
공생共生 / 92
충고忠告의 미학 / 93
진실과 거짓의 소용돌이 / 94
오션 뷰가 있는 집을 꿈꾸다 / 95
산 너머 산 / 96
사랑의 실천 / 97
뒷배경 / 98
더불어 산다 / 99
꼭두각시 / 100
고추 / 101

제1부

내 마음을 알고 계신 분

그의 이름을 빌어
사람들을 사랑했고
사람들을 사랑했고
때에 따라 사랑하는 척도했다

그는 이전에도 내 마음을 아시고
지금도 나를 소유하고 있다

슬픔에 손 내밀고
화를 내어도
진정한 손길을 느꼈다

나는 어쩌다 그를 사랑하게 되었다

지금까지
아름답게 가꾸어 나온 과거에
내일을 위해
오늘을 진실하게 살아야겠다

신神이
생을 어떻게 살았느냐? 묻는다면
그때는 무엇으로 답변할까?

천둥소리

눈부신 섬광과 함께
우르렁 대는 소리에 선잠을 깬다

평화로움이 사라진 새벽
하늘의 노여움이 두렵다

마음속 원죄 때문일까
품고 있는 용서가 없기 때문일까

어느덧
어둠속 천둥소리는 밝음에 밀려나고
풀벌레 소리가 평화롭게 들리기 시작한다

자화상

거울을 보면
육체도 영혼도 없는
나를 닮은 허상을 본다

말은 못해도 표정도
나를 따라 흉내를 낸다

그어 놓은 경계선을 넘으려는 나와
넘어서지 않으려는 내가 있다

거울에 비친 나를 보면
내가 알고 있는 나인지
남의 눈에 보이는 나인지
질문을 던져 본다

너는 누구냐?
"나는 나다"
서글프다

배꽃[梨花] 단상斷想

꽃 중에서 가장 하얀 꽃
열매의 속도 희고 맑으며
맛이 담백하고 달콤하다

비바람도
가뭄도 이겨내며
햇살을 먹고 탐스러운 몸으로 자란다

드러난 하얀 속살에
이브의 유혹을 뿌리치지 못해
사과를 먹은 아담을 닮은
나[我]

가치관의 변화로
깨끗함과 순수함을 지키지 못한다 해도
아름답고 고귀한 순결과 동정이 있다

지우개가 없다면

노트에 글을 쓰다가 잘못 쓸 때엔
지우개로 지울 수 있지만
잘못 살아온 삶은 지울 수 없다

누구나 세상을 살아가며
실수와 잘못을 저지르기도 하지만
숨기려하는 것은 자신을 피폐케 한다

잘못을 지우는 지우개가 없다면
신앙인으로 고백 성사 함으로
보속補贖으로 죄를 지울 수 있잖은가?

내가 가진 삶의 지우개가 없기에
죄의 유혹을 뿌리치는 삶을 위해
선을 행하는 삶이면 얼마나 좋을까!

새해의 희망

붉게 솟아오르는 해를 보면서
끝없이 이어지는 시간의 고리
늘 그 자리에서 새해를 맞이한다

코로나19에 발목이 잡혀
버킷리스트에 적혀 있는 여행지는
지우지 못한 채 그대로 남아 있다

코로나바이러스 걱정 없이
지구촌을
여행할 수 있는 해가 되면 좋겠다

해가 솟아오르는 내일
오늘처럼 희망의 해를 가슴에 품고
마침표가 있는 곳까지
아름답게 인생의 희망을 갖고 싶다

인생은 사랑하며 살기에도 짧다

삶은 영원하지 않고
태어난 그 순간부터
죽음을 향해 나아가고 있다

죽음은 예상하지 못한 순간에
소리 없이 홀연히 찾아오기에
늘 깨어 기도하고 있어야 한다

남아 있는 시간이 얼마인지
그날과 그 시간이 언제인지
나는 아무것도 모른다

사랑하며 살기에도 짧은 인생
오늘이 생의 마지막인 것처럼
아낌없이 사랑해야 하겠다

겨울나무의 독백

벌거벗는다는 것은
죄의 고백을 위함인가?
지난여름 수많은 일을 거친 가운데
가을에 풍성한 열매를 맺는 것을 보고
내가 잘해서 그런 줄 알았다

벌거벗은 마음에
앙상하게 드러난 육체
하얀 함박눈이 소리 없이 내린다

당신 앞에
모든 것을 겸손히 내어놓고
경건한 마음으로 첫눈을 맞는다
얼마나 부끄러운지 말할 수 없다

마음까지 하얗게 만들어 주신 당신
새싹 돋아날 때까지
그리움 안고
당신 품속에서 고요히 머물고 싶다

숲속의 작은 교회에서

대나무 숲속 작은 교회
햇살에 핏빛 십자가가 빛나고 있다

작은 교회를 둘러싸고 있는
절개와 지조의 상징인 대나무
바람이 불면 휘어지나 꺾이지 않고
십자가를 보호하고 있다

한 번의 꽃을 피우고 생을 끝내는 대나무
대숲의 작은 교회의 십자가를 렌즈에 담으며
형장의 이슬로 사라진 순교자들을 생각해 본다

대나무 속처럼
비우지 못한 속
욕심으로 가득 차
한쪽으로 기울어지는 내 마음

신앙의 선조인 순교자들의 삶을 닮고 싶지만
십자가의 좁은 길을 피해 걸어온 나
죄인임을 고백한다

빈껍데기

빈 깡통은 내부가 비어 있기 때문입니다
월급통장에 돈이 들어오면
텅텅 비기가 바쁩니다
사교육비가 다 빼먹어 버립니다

지식도 지혜도 배우는 만큼
뇌 속에 채워지지 않습니다
사람인데 머리가 빈껍데기인가요?

사물을 다스릴 힘을 가지고 태어났지만
온통 비어 버린 머리로는
신을 닮기가 너무 어렵습니다

다시 느끼게 되는 보잘것없는 존재
오늘은 무엇으로
몸과 마음을 채워야 할까
깊은 고뇌에 빠지게 된다

명재고택明齋古宅 장독대

오랜 세월 동안
철 따라 옷을 갈아입는
고목古木 두 그루가
명재고택明齋古宅 장독대를 지키고 있는
파수꾼이다

장독대 항아리 속이 궁금한
해와 달
별들이 매일 찾아와
바람에 실려 온 구름과 함께 기웃거린다

주인의 건강을 챙겨준
간장, 된장, 고추장이 가득 담긴 항아리들
사진작가들의 사랑을 듬뿍 받고 있다

긴 세월 한결같은 마음으로
비우고 채우고를 반복해 온
항아리를 보면
내 꼬락서니가 부끄럽다

매미에 관한 단상斷想

수도원 뒷산에서 기도를 올리는 중
숲속에서 천상의 소리가 우렁차게 들려오는데
내 발길을 그림자처럼 따라붙은 훼방꾼들이
기도를 방해한다

여름 한철 폭염에 굶주린 모기떼가
온몸을 공격하며 분심을 들게 하지만
방해에도 아랑곳없이
순례길에 오른다

잽싼 손동작으로 팔을 휘저으면
소리도 지르지 못한 채
손바닥에 핏자국을 남긴다

십자가의 길을 끝내고 산기슭으로 내려오면
매미들은 목청도 아프지 않은 지
그때까지도 떼창을 하며 무사귀환을 반긴다

매미가 온 힘을 다해
짧은 생이지만 열정적으로 노래하면
나도 온 마음을 다해
하늘나라를 향한 영적 여정을 계속하고 있다

운여해변 솔숲에서

바위에 부딪히는 파도의 포말이
구름과 같은 해변
솔숲 해송이 내뿜는 향기에 취한다

만조에 밀려든 바닷물이
방조제 뒤편 백사장을 채워
호수에 잠긴 솔숲이 이채롭다

물속에 비친 반영
해송 사이로 숨바꼭질하는 붉은 태양
렌즈에 담으려는 동호인들로 북적인다

붉은 낙조落照가 아름답듯이
내 인생의 마지막 뒷모습도
아름답고 싶다

소문

듣지 말아야 할 것
보지 말아야 할 것이
너무나 많은 세상

헛소리와 침묵 사이에
소문이 도사리고 있다

떠도는 소문에
헐뜯는 험담만은
멈추어야 할 것이다

무책임한 소문을
지우개로 깨끗이 지워
성찰하는 시간이면 좋겠다

종착역

바람에 나뒹굴고 있는 낙엽이
가슴을 할퀴는 가을밤
적막을 걷어내고 사색의 창을 연다

요람에서
쉼 없이 달려온 시간들
젊음을 지나
삶의 종착역 향해 쉼 없이 달리고 있다

얼마 남지 않은 여생餘生
후회 없이 살기를 원한다

가야 할 길이
꽃길인지 가시밭길인지 아직 모르지만
나의 하루하루를 고운 단풍으로
수繡놓고 싶다

제2부

당신이 있어 행복합니다

둘이서 서로 눈빛으로 말하며
마음의 거울로 영혼까지 투영하면서
동행하는 지금이 행복합니다

정원에서
예쁜 꽃들과 대화를 하며
나비와 벌들을 사랑하는
당신과 살아가는 오늘이 참 행복합니다

아침에는
웃음으로 하루를 열고
저녁에는
기도로 끝낼 수 있어 행복합니다

미래의 행복을
꿈꾸게 하는 천사 같은 당신
내 곁에 있어 행복합니다

입춘

얼굴에 내려앉는 따스한 햇살
뺨을 상쾌한 바람이 간지럽히지만
입춘에는 아직 추위가 매섭다

봄 채비하느라
겨우내 얼어붙은 화분에 물을 주고
파김치 담는 아내의 일손을 도왔다

파 껍질을 벗기면 하얀 속살이 드러나
아직도 계절은 겨울이라
내 마음속에도 한파가 엄습해 왔다

옥상에서 매서운 추위 이긴
매화나무의 새순들이 입춘 소식에
서로 얼굴을 내밀려고 꼼지락거리고 있다

비 내리는 날

초록으로 물든 잎새들이
촉촉이 내리는 빗방울이 간지러운지
일렁이는 바람으로 빗방울을 털어 낸다

모처럼 내리는 단비에
집 안팎의 꽃과 나무들이 몸을 적시며
서로 나누는 기쁨의 속삭임이 환청처럼 들린다

수돗물보다 자연수를 좋아하는 꽃들 위해
옥상 커다란 플라스틱 통에 빗물을 받는
아내의 손길이 바쁘다
꽃들의 어머니가 된 아내이기 때문이다

끝없이 이어지는 빗줄기
빈틈을 주지 않고 계속 내리고
나에게 꽃길을 선물해 주는 아내가
꽃보다 아름답게 느껴지는 날이다

사과 꽃

젊은 시절부터 함께 자라 온 무화과나무
고사枯死한 그 자리에
한 그루 사과나무를 심었다

시샘하듯 찾아온 꽃샘추위에
사과 꽃이 미소 짓던 날
불그레한 그녀의 얼굴이 떠오른다

비바람에 흠집이나 상처가 나도
그녀 뺨을 닮은 사과는
더욱 아름답다

탐스럽도록 붉게 익어
속살은 하얗게 성숙한 사과
사랑의 향기가 퍼져 나갈수록
그녀가 더욱 보고 싶다

동백꽃

차가운 날씨에도
노오란 꽃술을 감싸며
붉은 꽃잎을 여는 마음

임이 달려와 붉은 내 입술에
포갤 때
두근거림에 볼은 더욱 붉어진다

격한 열정에 시들지 않아도
낙화해 버리는 애잔한
내 모습
뉘가 알아볼까?
붉은 열정만 땅 위에 뒹굴고 있다

시간이 지날수록
그리움이 더욱 깊어가면
동박새 날아와 사랑을 일깨운다

시들지 않는 꽃

꽃을 가꾸기 위해
손이 더럽혀 지고
손톱에 흙이 들어가도
아랑곳하지 않는 당신

꽃이 필 때는
예쁘게 볼 수 있는 눈이 있고
꽃이 질 때는
슬퍼하는 마음을 소유한 사람

그렇게 마음 따뜻하고
꽃처럼 아름다운 사람
그런 사람이 당신이라
나는 행복합니다

조화造花도 아니면서
내 마음속에서
영원히 시들지 않는 꽃
바로 당신입니다

참 소중한 사람

위선과 진실 사이
참모습을 분별하기가 쉽지 않다

악의로 덧칠된 선의善意
피해자 코스프레가
세상을 혼란스럽게 만든다

남보다 못한 혈연 속에서
참 소중한 사람은
내 곁에 있는 사람이다

혈육의 연緣을 넘어
사랑을 주고받는 사람과
뒤에서 기도해주는 이들은
형제고 누이며 어머니시다

삼겹살 데이

너를 보는 순간
아무것도 걸치지 않은 몸이지만
전혀 부끄러워하지 않음을 느꼈다

벌거벗은 몸을 드러낸 채
불판 위에서
네 몸이 뜨겁게 달구어졌다

너의 농익은 몸을
입속에 넣고 음미할 때
감치는 맛에 황홀하였다

너를 집어삼킬 때
아무런 반항 없이 받아들여
삼삼한 날
하나 됨이 기뻤다

당신에게 그리움이고 싶습니다

하루를 열며
마음을 보내고 싶은 사람이
나였으면 좋겠습니다

일출을 바라보며
아름다움을 나누고 싶은 사람이
나였으면 좋겠습니다

하늘의 별을 가리키며
지난 추억을 얘기하고픈 사람이
나였으면 좋겠습니다

당신의 소중함이 되고 싶은 건
욕심이고 이기심일지 모르지만
나, 그대에게 바라고 싶습니다

내가 느끼는 소소한 일상에서
따뜻한 마음 하나 전해주고픈
당신에게 그리움이고 싶습니다

아내의 우정

만나면
타임머신 타고
어린 시절로 돌아가
밤새는 줄 모르고 이야기한다

체면도 위선도 없이
있는 그대로 인정하고
가진 것을 서로 나누는
시기도 질투도 하지 않는다

함께 있으면
순수한 영혼을 간직하게 해주고
명예도 재물도 높고 낮음도 없는
벌거벗고 있어도 부끄럽지 않다

반백 년 이상
기쁨과 슬픔을 나누고
함께 울고 웃고 살아온
피보다 진한 아내의 우정이 부럽다

제3부

하늘나라에서 온 편지

지천명知天命에 선종한 아버지와
미수米壽에 세상을 떠난 어머니가
천국에서 만났다는 소식이 왔다

이십여 년 전
하늘에 오른 작은아들과
마흔세 해 전에 돌아가신 남편과
해후했다는 천국 소인消印이 찍힌 편지가
나의 꿈으로 배달됐다

이승에서 마지막 본 아버지의 모습을
잊을래야 잊을 수 없는 그리움에서
수많은 세월이 흘렀지만 단박에 알아봤단다

하늘에 올라
영원히 내 마음에 머문 영혼
언젠가 만날 날을 기대하며
오늘도
어머니의 영원한 안식을 기원한다

겨울에 진 장미

계절을 잊은 듯
겨울에 장미가 활짝 피어
삭풍朔風에 얼굴이 빨갛다

옷을 몇 겹으로 입어도 춥지만
아무것도 걸치지 않은 채
홀로 추위를 견디는 모습이 애처롭다

오월이 오기 전 내 곁을 떠난 너
수줍은 얼굴이
내 마음 깊숙이 자리 잡고 있구나

한 송이 꽃이 별이 된 날부터
하늘만 쳐다보고
널 그리워할 뿐이다

아버지의 자전거

가족의 생계를 짊어진 자전거
아버지를 그립게 한다

아픈 몸을 돌볼 겨를도 없이
자존심은 바퀴에 깔아뭉개고
자전거에 몸을 맡긴 채 달린다

뇌출혈로 사흗날 사경을 헤매다
가족에게 부담을 안기지 않으려
떠나가신 먼 길
아버지의 뒷모습이 아른거린다

갓 시집온 아내는
오늘도 새들에게 모이를 주고
자전거에 시詩를 싣고 달린다

하늘의 별이 되다

흥분과 혼돈의 시간도
이제 잠이 들었습니다

성가대원으로 활동하던 그녀가
먼저 하늘나라로 주소변경을 한
남편 곁으로 홀연히 떠났습니다

밤하늘의 별같이 뿌려놓은
그 많은 추억의 그림자들을 남겨둔 채
소풍 올 때처럼 빈손으로 돌아갔습니다

추억이 영원할 것이라는 착각 속에서
오늘도 방황하는 남아 있는 이들에게
별이 되어 빛을 내려주고 있습니다

세월호 회상

한바탕 격랑이 지나간
침묵이 흐르는 바다
노랑나비가 물결을 이룬다

진도 앞바다 팽목항
수많은 노랑나비 떼가
사람들의 발길을 이끈다

잔인한 사월
세월호의 아픈 기억이
마음속에서 떠나지 않는다

'인간의 고통 앞에 중립은 없다'는
교황님의 한마디 말씀을 기억하며
4·16을 잊지 않고 기리련다

보이는 게 다가 아니다

보이는 것이 다일까?
보이지 않는 공기가 없으면 숨 쉴 수 없다

사람도 마찬가지다
사랑이 없으면 울리지 않는 징과 같다

창조주가 손수 만든
세상에 존재하는 삼라만상도 이와 같고
하늘나라도 그렇다

보지 못한 것들을
꿈의 계시로 깨우치고
성령의 체험으로 존재를 믿는다

보이지 않는 것이
존재하지 않는 것이 아니기 때문이다

하늘로 보내는 편지

새해를 이틀 남겨 놓고
눈뜰 기력마저 잃은 당신은
가족들 품에 안겨 생을 접고
본향으로 돌아갔습니다

한평생
아들딸에 이어
손주와 증손주에게 베풀어준 사랑
내 마음에 문신처럼 새겨져 있습니다

하늘나라에서
다시 만날 그날까지
자애롭던 어머니의 모습만을 기억하며
자녀들과 손주들을 사랑하며 살겠습니다

기일에는
어머니가 사랑하셨던 가족들이 모여
살아생전에 어머니와 함께 바치셨던
위령기도와 연미사를 봉헌하겠습니다

천국에서
아버지와 사제인 아들과 함께
지상의 가족들의 행복을 기원해주세요

당신이 떠나시고
처음 맞는 설날인데
어머니!
당신의 빈자리가 허전합니다

벽 사진

어머니 계시던 빈방에
걸려 있는 사진을 바라보며
아침저녁으로 눈빛으로 대화를 한다

가까이 있어도 먼 거리에서
더 보고 싶어
그리움에 잠을 못 이룰 때가 있다

어느 날
아버지, 어머니, 아우를 꿈에서 만나
생시처럼 대화를 나누었다

언젠가 나도 벽의 한편에서
묵언의 눈빛을 보낼 날을 맞겠지

밤을 이긴 부활

태평양 하늘에서
잠들 채비에 바쁘다

노을에 채색된 비늘구름
수평선 아래로 사라지면
아침이면 붉은 해가
기지개한다

나는 부활의 약속을 지닌 채
오늘 하루를 맞이하고 있다

마라도에 가면

섬 안의 섬
국토 최남단 마라도에 가면
전복을 닮은 성당이라 불리는
마라도 뽀르찌웅꿀라가 있다

이탈리아 아씨시의
버려진 황폐한 땅에
프란치스코 성인이 지은
뽀르찌웅꿀라가 모태이다

태어나기 전부터
저주받은 뽀르찌웅꿀라는
태어나자마자 박해를 받아
경당의 문이 굳게 닫힌다

주소지를 하늘로 옮긴
건립자 사제의 도움의 은총으로
땅을 밟고 사는 완고한 사람들의
마음의 빗장이 풀려 문이 열린다

이제
마라도에 가면
희망이 보이고
부활을 느낀다

노란 달맞이꽃

한여름 정적이 깃든 밤
노란 달맞이꽃 한 송이 손에 쥐어주고
떠나는 둥근달

아침 이슬에 수줍음을 감추고
그리움에 수척한 얼굴
밤이면 만날 꽃향기를 기대합니다

풍요를 가슴에 적신 꽃송이
아름다운 노래를 달빛에 태워
밤이 되면 나에게 보낼 겁니다

빚진 자

돈을 빌려주면 도움을 줬다고
빚진 자가 아니어서
당당하다고 했다

돈을 받지 않아 빚 없다고 자부하지만
도움을 받은 것도 빚이고
밥 한 끼 얻어먹는 것도 빚이 된다

독생자를 세상에 보내 주신 것이나
부모님께서 낳아 길러준 것도 빚인데
빚이 없다고 말한 게 부끄러울 뿐이다

이 세상에
빚 없는 사람 어디 있을까
평생 빚 갚다가 생을 보낸다

낙엽 되어

바람 따라 뒹구는 낙엽
희망도 절망도 느끼지 못한 채
내 발걸음에 모여든다

짓밟히고 부서져
갈갈이 찢겨버린 육신을 안고도
차가운 땅 위에서 울음조차 메말랐다

삶의 빛조차 바래져 버린
단풍의 빛깔
어디엔가 찾을 길 없다

한 생애를 보내며
아름다운 추억도 뒤로 한 채
낙엽으로 썩어 버리며
삶의 메시지가 무엇인지 생각에 잠긴다

다시 찾은 팽목항

슬픔을 짓누르는 팽목항에
별이 된 아이들을 잊지 못해
바닷바람이 노란 깃발을 흔든다

삭막했던 항구는 페리 부두로 변모하여
커다란 여객선이 웅장한 위용을 뽐내고
사라진 세월호를 대신하여 제주를 오간다

붉은 등대와 우체통은 말없이
그날의 바다 소식을 전하고
파도는 슬픔에 출렁이며 온몸을 휘감는다

팽목항에는 갈매기는 보이지 않고
까마귀 떼가 그날의 슬픔을 아는지
하늘을 날며 내 가슴에 하소연한다

내 맘에 살아 계신 어머니

임인년을 이틀 남겨 놓고
야곱의 사다리※를 타고
하늘나라에 오르셨지만
언제나 내 맘에 살아 계신 어머니

사십 대 중반에 홀로 되어
손주에 이어 증손주까지 돌봐주며
버팀목이 되어 주신 어머니

속마음을 겉으로 표현하지 않고
운명하시기 일주일 전
마흔두 해를 모신 며느리에게
'고맙다'는 말씀을 하셨다고 한다

수많은 고통을 겪으셨지만
마지막 병자 성사도 받으시고
아들, 며느리와 손자의 품속에서
편안한 임종을 하신 나의 어머니

이미 우리 가족 곁을 떠나셨지만
내 가슴속에서 들려오는 울림은

내 맘에 영원히 살아 계신다는
증거가 아닐까?

※ 야곱의 사다리 : 야곱이 에사우로부터 도망치던 중 꿈속에서 본 천국으로 향하는 사다리(창 28,12)

제4부

원초原初의 시간을 찾아서

지구촌을 바라보는 눈을 뜨게 하고
태어난 곳 너머의 또 다른 곳을 찾아서
버킷 리스트를 배낭에 넣고 여행을 떠난다

우주와 소통하는 신비로운 빛
밤하늘을 빛으로 채색하는 오로라
외계에서 보내는 천상의 메시지일까?

버킷 리스트에서 아직 지우지 못한
밤하늘의 오로라 빛을 렌즈에 담고자
불과 얼음의 나라 아이슬란드를 간다

원초의 시간을 찾아 떠난 여정에서
오로라 빛의 향연을 렌즈에 담고자
자연 앞에 서 있는 나 자신이 초라하다

세상의 끝, 툰드라

시베리아 북서쪽 금단의 땅,
야말반도에는
순록과 함께 사는
지구상의 마지막 유목민 네네츠족이
동토에서 살고 있구나

입는 옷, 먹는 음식, 사는 춤chum*까지
대부분을 순록에서 얻기에
순록은 귀중한 자산이요 가족이구나

노르웨이 여행 중에 만난
툰드라tundra에는
기후의 변화로 얼음이 녹아서 형성된
작은 웅덩이가 있고
키가 작은 수목이 군데군데 자라고 있다

'영구동토층'으로 뒤덮여있는 극한의 땅
지구온난화로 소실되고 있는 툰드라는
태초에 창조된 땅이었던가,
우주의 비밀을 간직한 얼음이었던가?
끝없는 의문을 간직한 채 말이 없다.

* 춤chum : 시베리아 야말반도에 사는 유목민의 집

추억 만들기

고고성呱呱聲을 울린 지 70년

혈연으로 맺어진 가족들과 친지들
학연으로 맺어진 동문들과 동기들
지연으로 맺어진 선후배와 친구들
다양한 인연으로 관계를 맺고 살아왔다

지구는 우주의 작은 별
오대양 육대주에 발자취를 남겼지만
아직도 흔적을 남겨야 할 곳이 많다

지구촌을 떠나기 전
창조주가 만든 아름다운 곳을 찾아
사랑하는 이와 추억을 만들고 싶어
나는 여정을 멈출 수 없다

용서할 사람들을 용서하고
화해할 사람들과 화해하고
행복한 인연을 맺으련다

어제라는 과거를 지나
오늘이 아무리 찬란해도
저장할 추억이 없이
나의 마지막 정류소에서 하차한다면
아쉬움만 남기는 것이 아닐까?

코로코바도 언덕의 예수상

케이블카를 타고 올라간
리오데자네이루 슈거로프산에서
코르코바도산 정상의 예수상을
망원렌즈에 담았다

일몰 무렵
코파카바나 해변에서
불어닥친 안개구름이
산 정상의 거대한 예수상을 덮쳤다

붉은 노을 구름 사이로
사라지고 나타나기를 반복하는
두 팔 벌린 예수상을 바라보며
황홀경 속에서
재림 예수를 보는 듯 두려웠다

세상 종말에 재림하신다는 예수님
천국에서 두려움 없이 봬야 할 텐데
평소, 이웃을 내 몸과 같이 사랑하라는 말씀이
아직 그림자처럼
내 뒤를 따른다

산토리니 이아마을

아테네 피레우스 항에서 페리호로
에게해의 파로스, 낙소스 섬을 경유하여
꿈에 그리던 섬 산토리니에 도착했다

선상 갑판에서 바라본 산토리니의 풍경은
하얗게 눈이 내린 듯
절벽 위에 집들이 눈부셨다

섬의 서쪽 끝에 있는 이아마을
골목골목의 집들이 동화 속 마을을 걷는 듯
한 폭의 그림이었다

하얀 벽에 올려진 파아란 돔
빛나는 태양 아래 더욱 눈부시고
푸른 돔과 붉은 부겐베리아꽃을 배경으로
렌즈에 담는 나 자신이
부끄러울 정도로 아름답게 느꼈다

산토리니 이아마을은 변함없는 아름다움에
나의 버킷 리스트에서 지워나가지만
이아마을에서 보낸 날은 영원히 기억될 것이다

산과 호수

캐나다 로키산맥 하늘엔
구름바다가 펼쳐져 있고
밴프국립공원의 호수엔
산과 구름이 숨어 있다

하늘을 지키는 구름
바람에 실려 가는 구름도
호수에서 숨바꼭질하고 있다

구름을 머리 위에 이고 있는
높은 산맥의 봉우리를 비추는
공원의 호수는
한 폭의 수채화를 품는다

솜사탕 같은 구름 위에 누워
세상만사 모두 잊고
산과 호수 위를 정처 없이
날아다니고 싶다

다낭 바나산에서

다낭 바나산 정상에 올라
안개가 자욱한 골든 브릿지에서
보이다 말다를 반복하는 신의 손을
신비스럽게 바라보며 렌즈에 담았다

바나힐 성당에서는
십자가상 아래에 무릎을 꿇고
코로나 팬데믹으로 잃어버린 세월을
되찾아 주신 분께 감사 기도를 드렸다

안개에 갇힌 고풍스러운 건물
희미하게 보이는 관광객들의 모습이
몽환적이며 천상계에 사는 신같이 보였다

케이블카에 몸을 싣고 내려다보는
바나산의 경관
감동을 선사하고
남은 인생을 이웃을 사랑하며
지상에서라도
천국의 삶을 살리라 다짐해 본다

호이안에서

주렁주렁 매달린 상점들의 등불
관광객들은 매혹적인 색감에
빼앗긴 마음으로
호이안※의 구 시가지를
인력거에 몸을 싣고 달린다

유서 깊은 내원교
물 위를 떠다니는
작은 종이 접시 소원등所願燈에
나도 소원을 띄워 보낸다

풍등風燈을 타고 밤하늘을 밝히는
연인들의 사랑의 밀어가 있는
호이안에 머물고 싶다

※ 호이안 : 다낭에서 남동쪽으로 30km 정도에 위치하고 있는 베트남 중부 도시

태항산 대협곡

산서성, 하북성, 하남성에 걸쳐 있는
중국의 그랜드 캐년
폭포와 기암괴석이 한 폭의 그림 되어
대협곡을 이룬다

도화곡 입구에서 트레킹을 시작한다
깎아지르는 듯 거대한 암벽과 폭포를 가로질러
구불구불한 길을 오르다 보면 마을에 도착한다

도화동 민속촌 전동차에 몸을 싣고
태항천로를 달리면
대협곡 풍경이 눈앞에 닿는다
우뚝 솟은 산봉우리의 운해가
절경을 노래한다

절벽을 뚫어 만든 동굴도로
가파른 벼랑 위에 만든 유리잔도
시루떡을 포개놓 듯
험준한 풍경은 보기 힘든 천하의 절경이다

용담호의 만추

새벽길을 달려 도착한 용담호
밤하늘의 별이 눈짓하며 반기고
여명이 밝아오기 전에
호수에서 피어오르는 물안개의
몽환적 풍경이 내 마음을 사로잡는다

붉게 타오르던 대지가
겨울 속으로 빠져드는 만추에
렌즈에 물안개가 각인되고
호수에 담은 내 모습을
계절은 물끄러미 바라본다

거울 같은 호수에 비친 삶의 여정
하나하나 살펴보며
계절의 렌즈에 뒷모습도 담아본다

담양 메타세쿼이아길

사계절마다 다르게 채색하는 가로수길
초록빛 동굴이었다가
갈색으로 치장하는 가을
관광객들의 눈길은 항상 새롭다

하늘 높이
쭉쭉 뻗은 자태에 빼앗기는 시선
영화 속 이국적 풍경을 만들어 낸다

연인끼리, 가족끼리
코비드19covid-19도 잊은 체 손잡고
낙엽으로 떨어진 메타세쿼이아 잎
사랑에 흠뻑 빠져있던 젊은 시절이 그립다

숲에서 뿜어내는 깨끗하고 신선한 향기는
담양의 고도를 물들이고
나그네의 손끝에는 시詩가 영근다

진안 마이산

서로 마주보고
웅장하게 우뚝 솟은 암수 큰 바위
세월이 흐를수록 말의 귀를 닮아간다

용담호가 만추의 계절을
가슴에 담을 때
푸른 하늘에 떠 있는 흰구름과 바위산이
속삭이기 시작한다

침묵의 바위가
웅혼雄渾하고 강건한 정기로 높이 솟아
무거운 입으로 신비를 렌즈에게 내보인다

아득한 옛날에는 담수호였지만
호수 밑바닥에서 만들어진 퇴적층은
세월과 짓이겨 암석을 만들어
산으로 솟았다

서산 간월암

섬인지 육지인지
바다가 갈라지는 서산 간월도
작은 암자가 바다를 수호하고 있다

썰물엔 육지로 길을 내 주고
밀물엔 바다 위에 고립된 작은 암자
찾아오는 관광객들로 섬은 외롭지 않다

살면서 지우지 못한 흔적을
갈라진 바닷길에 남기고
돌아 나오는 발걸음이 가볍다

파도소리, 산새소리, 암자의 풍경소리가
호수 같은 천수만에 울려 퍼지면
해님이 간월암에 찬란한 빛을 내린다

웅도 잠수교

웅크린 곰 같은 섬에 가면
바닷길이 열린다

하루에 두 번
물살과 눈높이를 맞추는
겸손한 다리를 만난다

육지와 섬을 연결하는 잠수교
다리 위를 흘러가는 바닷물의 흐름을
렌즈에 담기 위해 작가들이 분주하다

새벽잠을 깬 바다 새들
잠수교를 깨우고 물살에 반한 셔터는
가로등 불빛에 드러난 풍경을 담기에 바쁘다

꽃지 할미할아비바위

할미할아비바위가
붉게 물드는 낙조와 어우러져
그림이 되어버린 풍광

할미할아비바위의 슬픈 전설은
연인들의 발걸음을 무겁게 한다

할미, 할아비가 된 우리
늦깎이 캠퍼스 커플이 되어
나이를 잊고 젊은이 흉내를 내어본다

어설픈 행동이 자연스럽지가 않다
썰물에 드러난 갯벌
두 바위와 함께 사진도 찍고
밤이 되어 더 늦기 전
우리는 서로 쳐다보며
꽃지 바위에 몸을 기댄다

온빛자연휴양림

잎이 다 떨어져 앙상한 몰골로
겨울을 나고 있는 나무들을 품고 있는
자연휴양림에 온통 은빛이 가득하다

햇살은 숲길에 내려앉아 있고
숲속 평상은 낙엽을 이불 삼아
추위를 견디며 새봄을 기다리고 있다

이국적 풍경의 노란색 목조건물
주변에 뻗어 있는 메타세쿼이아가
반쯤 얼어 있는
작은 호수에 잠겨 있다

청춘을 육군훈련소에서 보냈던 논산을
인생의 황혼기에 다시 찾아와 돌아보면
낙엽이 쌓인 계절이라도
마음의 위안을 느낀다

흥덕왕릉 소나무 숲

나무와 빛이 만들어내는
신비로움이
경주 흥덕왕릉 소나무 숲에 닿았다

거북 등 닮은 나무껍질은
철갑을 두른 듯 하고
하늘로 힘차게 뻗은 줄기는
용이 비상飛上하듯 꿈틀거린다

굽은 듯 휜 듯한 나무 사이로
비집고 들어오는 아침 햇살에
붉게 물든 소나무는 그림을 그리고
내 마음속 피를 용솟음치게 한다

수많은 세월을 견뎌 온 소나무지만
똑같이 생긴 나무는 한 그루도 없고
나무마다 가지는 매력에서
험난한 세상을 헤쳐 나가는 지혜를 본다

봉황산 일봉사

기암괴석이 하늘을 찌를 듯한
봉황대 절벽의 코끼리 바위
붉은 단풍 옷으로 갈아입고 있다

절벽 아래
노란 양탄자를 깔아 놓은 듯
황홀한 노란 은행잎 위에 누워보는
동심의 세계로 이끈다

동굴법당에는 목탁 소리가 울리는
천년의 향기를 품고 있는 일봉사
대웅전 옆 절벽의 굴곡진 폭포는
쉼 없이 흐르는 법경 소리에
생명수를 쏟아붓고 있다

사찰寺刹 내의 불심으로 타오르는
단풍나무들은
나의 허연 얼굴을 붉게 물들이고
유채색이 향연을 벌인다

때로는
일붕사의 고운 단풍잎들이
나의 책갈피 속으로 뛰어들고 있다

바람의 언덕에서

선창가 주차장에 주차하고
가벼운 마음으로
바닷가 언덕 위에 올랐다

짐이 많아 무거워 힘들었지만
바람이 땀을 식혀 주며
소담스럽게 핀 구절초가 반겨주었다

데크 계단에 우뚝 서서
두 팔을 벌리고 손 인사를 하는
이국적 풍경을 자아내는 풍차

가쁜 숨 몰아쉬며 올라온
넓은 언덕에는
코로나 팬데믹으로 인한 우울함을 버리고
많은 사람들이 청량한 바닷바람을 맞고 있다

해방감에 얼굴을 드러낸 채
환하게 웃고 있는
바람의 언덕

일출을 품은 소나무

해돋이 명소로 알려진
기장 연화리
동트는 해를 품는 소나무 한 그루가 있다

두 팔을 벌려
낚아 올리는 붉은 태양은
바다의 파도까지 일깨운다

꿈에서 갓 깨어난 나
오늘 하루 무엇을 품을 수 있을까
온 누리를 품는 아침 해가 부럽다

렌즈는 아름다운 자연을 품는데
나의 가슴으로
차라리 연화리의 소나무를 다 안고
사랑하는 사람의 세계까지 다 품고 싶다

용소 웰빙공원

용소호湖에 투영된
갈색의 메타세쿼이아가
물위에 떠 있는 배와 어울려
한 폭의 그림을 보는 듯하다

행복하고 건강하게
잘 살기well-being 위해
웰빙공원을 찾는 사람들

나도
한때 웰빙 열풍에
인근 평화공원에서 걷기 운동을 했다

지금은
웰빙 신드롬이 사라지고
코로나 바이러스가 위협하고 있어
웰다잉well-dying 위해 건강관리를 한다

오륙도2

다섯인 듯 여섯인 듯
서 있는 작은 섬
뭍으로 갈까, 먼 바다로 갈까
망설이는 파도 따라
해무 속에서 숨바꼭질한다

오도 가도 못한 채
수십만 년 전 헤어진
뭍에 살고 있는 엄마를
바라만 보며 그리워한다

항구의 뱃고동이 잠든 밤
백운포 방파제의 낚시꾼들은
마음을 아는지 모르는지
세월만 낚고 있다

구름과 바람이
이기대와 오륙도를 오가며
소식을 전하지만
연륙교連陸橋로 한몸 되고 싶어 한다

해운대 해수욕장

천여 년 전
신라시대 해운 최치원이
풍광에 매료되어
동백섬 바위에 해운대라고 새겼다

바닷가 왼쪽에는 달맞이 언덕
오른쪽에는 동백섬이 파수꾼처럼
해운대 해수욕장을 지키고 있다

사시사철 관광객이 찾아오는
해운대 해수욕장에 여름이 오면
세계 각국의 국기처럼
온갖 비치파라솔이 장관을 이룬다

노을이 드리워지는 밤이면
해변가 빌딩숲과 백사장에 모여든 연인들
속삭이는 소리가 별빛 되어 내린다

교래 곶자왈에서

간혀있던 입과 코에 마스크를 벗은 채
숲속의 새소리를 들을 때
매인 굴레에서 벗어나는 자유를 느끼는
이곳

생태계의 허파인 곶자왈에서
원시림을 걷는 착각에 빠져
돌밭 길이지만 걷고 또 걸었다

페루 북부 이키토스에서
열대 우림 아마존 정글을 체험한 추억이 떠오른다

제주도 교래 곶자왈 자연휴양림
태곳적 숨소리가 들리는
숲속의 돌과 나무들이
신령스러움을 느끼게 한다

용두암龍頭巖

용궁에 살던 이무기가 용龍이 되어 승천하려다가
신神이 쏜 화살에 맞아 바다로 떨어졌다는 전설 속
깊은 바다에서 화산이 분출한 것인지
모습이 용의 머리와 닮은 바위가
해변에 우뚝 서 있다

바다에 떨어진 용龍은
하늘로 오르지 못한 한恨과 고통苦痛으로
머리를 치켜들고 포효를 하다 바위가 되어
입을 크게 벌리고
하늘을 쳐다보고 있다

바다도 용의 안타까움을 아는지
잔잔하게 숨을 죽이고
태양이 일출이나 일몰 때면
하늘을 붉게 물들이고 있다

승천의 꿈은 이루지 못했지만
여의주를 입에 물어 억울함을 달래주듯
용이 바위가 되었다

용의 모습을 눈과 렌즈에 담는
지구촌 사람들에게
꿈을 심어주고
희망을 주는 바위가 되었다

제5부

파수꾼의 고백

비리와 부패가 판치는 세상에서
대쪽 같은 성격으로
분노를 억누르고 살기가 힘들다

선과 악의 갈림길에 서서
유혹의 손길에
휘청거리기도 하지만
양심을 지키며 살아온 세월을 저버릴 수 없어
목숨을 바쳐 순교한 분들의 삶을 닮고 싶은데
거세게 몰아치는 바람 앞에서
내 마음이 흔들릴 뿐이다

순교자의 피를 물려받은 가문이 아니어서
파수꾼도 어렵고 성인군자 되기도 어렵다
매일매일 죄를 짓고
다시 회개하는 평범한 사람이다

양가죽을 뒤집어쓰고
진실을 외면하는 얼굴을 대할 때
나는 무서워 치를 떨기에 바빴다

가끔, 모욕적 언사를 들어 서글플 때
하늘을 우러러 한 점 부끄러움 없이
곧은 기개로 뻗어가는 대나무를 바라보며
어려운 일을 견뎌내고 있다

파수꾼1

길거리, 엘리베이터, 실내외 곳곳에서
올빼미가 먹이를 찾고 있다

도로에서는
차량을 살피기에
24시간 눈에 불을 켜고 있다

재개발 현장에서
불법과 비리 색출에
눈을 부릅뜨고 밤잠을 설치는
올빼미 같은 눈이 없을까

유언비어, 가짜뉴스로 음해하는
질퍽한 현장을 청소할
살아 움직이는 감시 렌즈가 있으면 좋겠다

파수꾼2

진실이 외면 당하고
위선僞善이 춤추는
정체성까지 잃어버린 세상

양의 탈을 쓰고
얼굴엔 철판을 깔고
내로남불을 자행하는
위선자들이 들끓는다면
어찌하며 살아야 할까?

미혹迷惑 당한 영육의 불쌍한 사람들
한 치의 자존심도
양심도 없다면
어두운 세상이 되지 않을까?

미래가 보이지 않는 나날들이 될지
모르지만
내일이면
또다시 태양이 떠오를 것을 믿고
파수꾼이 되고픈 마음을
다짐해 본다

재개발 단상斷想

원칙과 상식은 통하지 않는
이권이 득실거린다

가짜뉴스가 날아다니고
불법의 주먹이 앞서
무법천지를 만든다

경기가 끝났어도
승리자에게 시상식도 없고
패자는 오히려 불복하고 있다

하루속히 거짓과 위선이 판치는 일들이
없어질는지
하늘이 노랗다

그 나물에 그 밥

바늘 도둑도 소도둑이 되는 세상

맑은 물에서는 물고기가 살지 못한다는
이상한 논리
웬만한 부정과 비리에 눈이 어두워진다

이중 잣대 위에 매달은
내로남불은
교묘한 이현령비현령의 깃발이 나부낀다

진흙탕에서 묻힌 신발에는
위선자와 동고동락하는 끈들이
매여져 있다

세상에 물들지 않는 연꽃이 피는 곳에
내 마음 고이 간직하고 싶다

공생共生

그대는 눈이 있어 보이는가?
그대는 귀가 있어 들리는가?
맹목적으로 따르는 사람들

공생이 좋은지도 나쁜지도 모르고
정의와 진실을 외면하고
거짓과 위선을 따르는 정신박약자가 된다

기득권의 권한은 어찌나 무겁든지
소수의 의견을 짓밟고
다수의 의견이라도 이기지 못한다

공생은 참으로 무섭다
어떨 때는 공생으로 같이 망하고
또 다른 환경의 공생은
서로의 꿈을 엮어 이루어내는
아름다운 자연의 순리가 아니겠는가?

충고忠告의 미학

살다 보면
충고를 받거나 줄 때가 있다

남의 가슴을 도려내는 충고라면
전달되기 어렵다

감정과 때와 장소 가리지 않고
비난의 화살을 날린다면

충고는 비난의 독이 되어
관대寬大한 마음이 허물어진다

진실과 거짓의 소용돌이

알고 싶은 것은
진실과 거짓이다

한 가지 일을
보기에 따라 양편으로 나뉜다

솔로몬도 지혜를 짜내기에
애썼을 것 같다

진실이 무엇이며
양심이 무엇일까
판단은 또 무엇일까

오션 뷰가 있는 집을 꿈꾸다

화려한 불빛으로 치장한
다이아몬드 브릿지
방 안으로 들어온다

옥상에서 마주칠 때
먼눈 보듯 했어도
안방에서 화려한 색깔을 바꿔가며
옷을 입는 모습에 눈이 꽂혀 혼미하다

머지않아 재개발로 변신할 우리 동네
'더샵 원트레체 아파트' 옥상 커뮤니티 시설
바다가 바라보이는 풀장에서
수영하는 꿈을 꾼다

지금은 자연과 더불어
집 안팎에서 꽃도 보고
텃밭에서 푸성귀를 선물 받지만
새 아파트에서는 바다를 바라보며
하루의 일과를 시작하고 싶다

산 너머 산

끝까지 다 왔다고
한숨을 내쉬는 순간
뒤통수를 맞다

패자가 승복을 안 하니
승자의 기쁨도 잠깐뿐
다시 고통의 시작이다

꼼수를 부리거나
욕심의 끈을 끊지 않는 한
끝이 아니다

양심이 부재중인 자
얼굴에 철판을 깔은 자가 있는 한
산 너머 산이다

사랑의 실천

평화로운 에덴동산에서
죄를 탄생시킨 운명을 진 인간
하루에도 수시로 유혹에 빠진다

타락의 대가가 가져다준
육신의 쾌락과 빈곤한 영혼
뜻하지 않는 생활에 익숙해서
양심의 소리에 귀를 닫기도 한다

순종順從은 멀리 가고
일시적인 쾌락에 빠져 헤매는
위선적인 삶이 부끄러울 뿐이다

강건하게 살아갈 수 있는 길은
내 이웃을 사랑해야
벗어날 수 있음을 믿기에
사랑을 실천하며 살기로 맹세한다

뒷배경

뒤에서 받쳐 주는 이가 있다면
얼마나 큰 힘이 되는지
모르는 사람은 없다

힘과 권력으로 박해하는 사람이
음해하고 해치려 해도
든든한 배경이 있다면 겁내지 않는다

어려운 일이 닥치더라도
기죽거나 포기하지 않고
뒤에서 밀어주는 이가 있다고 생각하면
금방 기氣가 살아난다

나의 뒷배경은 눈으로는 볼 수 없지만
늘 내 곁에서 지켜주는
수호천사守護天使가 있어
든든한 마음에 항상 즐겁다

더불어 산다

눈이 있어도 볼 수 없고
귀가 있어도 들을 수 없는
우둔함의 극치

옳고 그름에도
지나쳐 버리는 무관심
얼굴에는 두꺼운 철판이 씌워져 있다

이기적인 팬데믹은
나를 혼란스러운 지경으로 내몬다

남은 여생 어이할꼬?
안타까운 마음 일깨우며
사랑으로 더불어 살고 싶다

꼭두각시

진실을 허공에 내팽개치고
탈춤을 춘다

바람 불면 부는 대로
비 내리면 비를 맞으며
자신의 의지와는 아무 상관 없이
기쁨도 슬픔도 공허할 뿐이다

스스로 존재임을 포기하고
시키는 대로 인형처럼 움직이는
꼭두각시

하는 짓이 옳은지 그른지 모르고
조종자의 손에 놀아나는
속이 빈 껍데기의 허울

고추

한여름 폭염에
고추가 붉게 여물어 가고 있다

익은 고추를 건조기에 말리고
하루 이틀 햇볕에 말리면
태양초로 둔갑이 된다
겉으로 봐서는 알 수가 없다

퇴비로 고추를 재배해서
뙤약볕에 발갛게 말린 것이 태양초인데
최근에는
모래밭에서 바늘을 찾는 일과 같이 어렵다

원산지까지 속여서 파는 게 모자라
물감까지 곁들인 염색
누구를 믿고 살아야 하나?

양심이 있을 곳에 머물지 못한 믿음
세상이 미쳐 가고 있다
진정한 고추의 맛은 무엇일까

겨울나무의 독백

2023년 12월 8일 인쇄
2023년 12월 12일 발행

지은이 | 민훈기
펴낸이 | 박중열
펴낸곳 | 다솜출판사
부산광역시 중구 대청로 135번길 10-1
TEL.(051)462-7207~8 FAX. 465-0646
등록번호 1994년 4월 22일 제325-2001-000001호

정가 10,000원
* 저자와 협의에 의해 인지를 생략합니다.

ISBN 978-89-5562-757-2 03810

※ 이 도서의 국립중앙도서관 출판예정도서목록(CIP)은 서지정보유통지원시스템 홈페이지(http://seoji.nl.go.kr)와 국가자료공동목록시스템(http://www.nl.go.kr/kolisnet)에서 이용하실 수 있습니다.(CIP제어번호 : CIP2020023043)

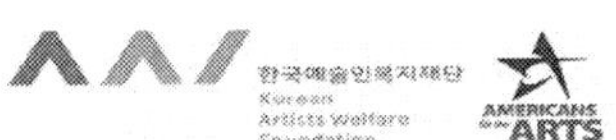

※ 본 도서는 한국예술인복지재단 2023년 상반기 창작준비금지원사업 선정으로 발간하였습니다.